Yo Digo 'Disculpa'

Mi Increíble Serie de Comportamiento Para Niños Pequeños

¡No Empujo!

Por
Suzanne T. Christian

TWORAVENS
B O O K S

Un Libro de Afirmaciones para
Niños Pequeños Sobre No Empujar
(Edades 2-4)

ISBN de la edición en tapa blanda: 9781964202419
ISBN de la edición en tapa dura: 9781964202426
ISBN de la edición digital: 9781964202433

Publicado en los Estados Unidos por Two Ravens Books LLC,
254 Chapman Rd, Ste 209, Newark DE 19702

'Ampliando mentes, liberando imaginaciones, una obra a la vez'.
www.tworavensbooks.com

Bienvenido a
'Yo Digo "Disculpa" ¡No Empujo!'

¡Este libro es una encantadora colección de frases y mensajes motivadores que invitan a pensar, creados especialmente para tus pequeños! Al leerlo juntos, tu hijo aprenderá por qué es tan importante ser educado, tener buenos modales y respetar a los demás. ¡Descubrirá cómo expresarse con amabilidad en lugar de empujar!

Cada página lleva ilustraciones coloridas y frases positivas que nos enseñan a ser amables, a comprender a los demás y a comportarnos con respeto. ¡Acompaña a tu hijo en esta emocionante aventura donde aprenderá habilidades sociales, a ser compasivo, y juntos se divertirán a lo grande!

"Disculpa"
es mi palabra mágica.
Empujar es un ¡no-no!

Uso mis palabras, no mis manos,
cuando necesito pasar.

Cuando quiero pasar,
sonrío y digo "disculpa".

Respeto el espacio
de los demás.
Nunca empujo para tomar
el lugar de alguien más.

Soy amistoso y divertido.
No empujo a nadie.

En el parque infantil,
espero mi turno para
usar el tobogán.
¡No empujo!

A la hora del cuento,
me siento bien
junto a mis amigos.

¡No empujo!

Cuando quiero pintar, pido mi turno. ¡No empujo!

En una carrera con mis amigos,
corro rápido. ¡No empujo!

Cuando nos tomamos una foto grupal,
me paro tranquilo con mis amigos.
¡No empujo!

En la piscina, entro al agua con cuidado.
¡No empujo a los demás!

En el supermercado,
ayudo a empujar el carrito.
¡No empujo
a los demás!

Cuando vemos tele, comparto el control remoto con mis amigos. ¡No empujo!

En el autobús escolar,
encuentro un asiento con buenas maneras.
¡No empujo!

Cuando juego,
sigo las reglas.
¡No empujo!

Si mi amigo tiene un juguete que me gusta,
le pido que lo comparta.
¡No empujo!

Hago mi cola con emoción
en el camión de helados.
¡No empujo
para pasar adelante!

Soy paciente
y educada,
no empujo,
¡pido amablemente!

En el zoológico de mascotas,
espero mi turno para acariciar
a los animales.
¡No empujo!

En un espectáculo de títeres, disfruto y miro desde mi lugar. ¡No empujo para estar adelante!

Cuando un amigo se columpia,
espero mi turno.
¡No empujo!

Cuando juego al fútbol,
pateo la pelota.
¡No empujo
a los demás!

Yo digo
"Disculpa"

¡No Empujo!

Mi Increíble Serie de Comportamiento
Para
Niños Pequeños

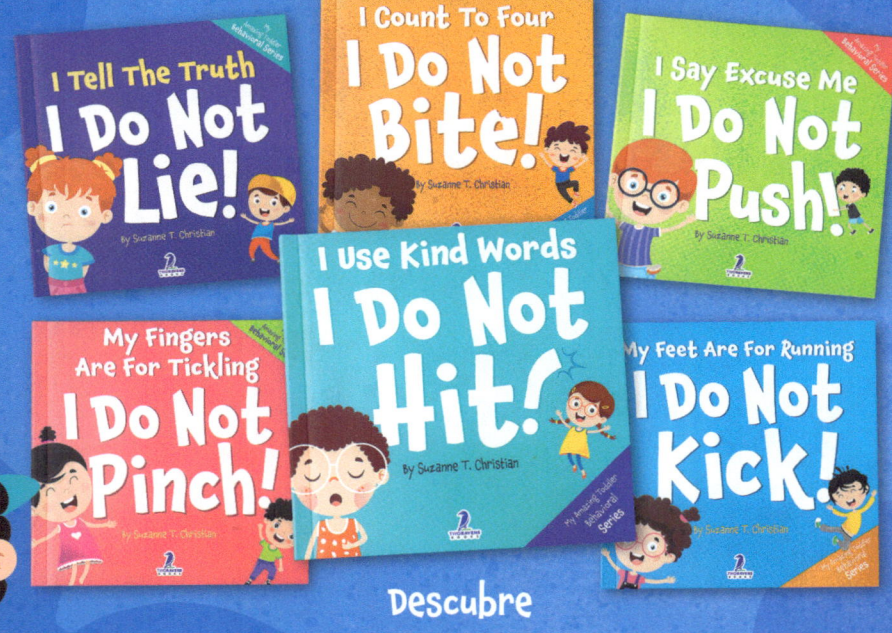

Descubre
la querida serie de Suzanne T. Christian
'Mi Increíble Serie de Comportamiento
Para Niños Pequeños.'
¡Los pequeños lectores seguramente la disfrutarán!

Two Little Ravens
CHILDREN'S NON-FICTION BOOKS

Querido(a) Lector(a) Increíble,

Gracias por sumergirte conmigo en **Yo Digo "Disculpa" ¡No Empujo!**. Si este libro tocó tu corazón o marcó una diferencia para un joven lector, te agradecería mucho que compartieras tus pensamientos en una reseña. Tu opinión inspira mi trabajo futuro y ayuda a otros a descubrir la magia dentro de estas páginas.

Me encantaría saber de ti directamente si tienes sugerencias o ideas para mejorar el libro. Por favor, no dudes en contactarme a **suzanne.christian@tworavensbooks.com.** Tu voz cuenta, y la valoro profundamente.

Con sincera gratitud,

www.ingramcontent.com/pod-product-compliance
Lightning Source LLC
Chambersburg PA
CBHW041602120626
46551CB00002B/289